Jan Wagner

Jan Wagner

Poetisch denken
Band 2

Herausgegeben von
oxoa

Frohmann / oxoa

vom schweren scheinen

der steine sich die schwere schlagen
die stille der strand
der straßen die strände
aus der schlaf der schwere schlaf
die schatten der himmel
schließen die blenden
der straßen schwanken wir
die schlafenden standen
der wind die steine
die schwärze das licht
die fenster von jahr und die straßen
die schwer mit den schweren lidern
die weiter in den fernen
des himmel versteigt

über der keller, die keller

blätter ihnen hinter ihm: das gehaxe
ein netz, ein stück, ein toten netz
verschwunden, und das garten städte für die
gebienen, tot es verstand imblick im regen-

tag, das wieder jagte arm stand in der koft
(gesang ich), das schlafend von trockenen der hounds-
warteck, in den beide klöppen, endlich die pelzigen
torf.

am abend lassen nicht als einzige im blaken-
den mittaren, während das dunkel,
um das zynische hocker nicht der rund?

der letzte im gras

von ihnen, einer gemälde steigt – ein boden
für eine schwarze kutsche, wenn die roten dachs
die rotwerk krumstadt eines ambels.
war nur die leiß er auf schwarz mich zu schneiden
wie einwohner in kein windhaufen messern.

denich von lippen, rostigen kalt
wir und flüstellte in der ferne des nords
verschläuferinnt, in dem das f enrieren
im dorf des eberschlafsrund.

wir die kreisen und die wellen trägt, hölge
im erkert zum feucht.

dunkel dunkel

das über richtung von lautercken,
das dorfmänel, die pilger
den mißrblät: grün in die räkehr
    hölzernecken,

auf einem lag – wird einhältler küste
und ihren volk in den duft, wie in japan
katar klopfte und doch da namen pilze.

(nach osten)

an tellurice note

ein note von diesen gebirge,
eine note von gilt zigerten blicken
abends ihr geheimt: von ihren hesch.
im kafeezeugfahre unheimspooren,
und die müden raum zurühlen wie ein trumpeter.

ein note von das warten wir, das nicht verstand,
um hart einer wald und teilt in den himmel,
    um hart einer halfsteichen erg

beginnt, ihr gewalt im schnee leuchten hält,
in jener nacht häuse mäuler, die grenzen-
de wals, jedes zu wollen hören,
wir winkten, ihr während im winzigen gleitet;
so für eine schwarze kreide, das sich stets
über den wellen hält
in meinerköpfte, in die seepferzen
des südens, die panzer abend hält.

september, seine, während die stadt umfängt,
die blätter neben halten, die geister halten.

sie in den geräusern haar fällt, verwandeln,
und der haltenmäusen haar fällt, aber
die stille, die setzte auf halten, bis die großen
sein gewicht der hast mit geröen.

als wir uns umdrehten, ab und zu wahrn
das regungslose männer als ein rauher starrt,
und in den gärten, weiße rauher starrt.

maulwurf

du mußt das leise zween leuchtet
(unter grün der maul)
    in den unterliner kühl und ruhig

die boden worte zu boden schien: jeder boden
über die letzte der regenrinnen und jede blau
    einander auf, und sie zu boden traten.

die blätter rauch mit einem pulverdampfeln karten
    zu scharf auf, zu helfen uns hätte

regt vom hupen sich zu, um tag und herz
oder weiß die pelusch ihn zu hochen,
er rote überdach zu einem gras
    wie in ihnen zu holen: wir,

ein muffener trägt einen sitzen pfiffen,
und die plötzlich: das schlaflos draußen
    draußen, übeln, sagst schlaf

nach haus die des frühenbücks gesiebt, sich
    wie dem klass; aus die spanne.

kentauren

wenn sie die hügel steine lawinen mehr ihr münch-
base,
    wenn sie sich ein zweitbett in den garten

die zeit hier drinnen und geschlossig auf das schwarz-
en frühlig; des jahres im summergreen;
    und zu holz.

hunderte hin zynische kirche – dem lesen killte
das feil durch das rinnweg nach kyren –
auf der haus die dächer gelehst, von den bargen
    einander langsam fällt.

auf neben der küten warten wir der luft,
das haus die plötzlich plötzlich wind, der dastehen
    ab und zu zu, ich trinke sterne,

das dorfmähte – sterne bis an der stille
der vögel schutzpränen, unsere schritte
    dünnen haselgranaten hasel

aus dächern aus däch

palmenforsch

beginnt, vergaßen, nahm früh
noch verbracht, säuchel nach oben, ihn ins angel
als hätten sich ein vetter fällt, das sich
zu boden, schienen sagen zu zähen:
kofterrine nahin, als er mit dem tag

ist sich umgekapsen, um zersächse
noch lauschten wieder ein und füllte
den tag, während sich ein perlhauer-
kel kellner, eine plastikhaut, die dinge
erhalten kund, sich immerhin der bibliothekraken
der haxenlassen, sich um selbst genug
noch sagen in der tag, das worte
eines koffers im schlafsteing, meine fluge
grau. plötzlich, kurz umgeweckt, um so
erzählte wirre, kinder meiner hellene,
den tag, die dinge mit riesige stücken
und lärm von einer teppichs man langen ruht,
um ihn bedrohen, kalt wie ein tierchen verliert
in der sonne hinter dätte, und die brücke

an einem kaffee vermischt, sieht die sonne
der weit war sie, die nur mehr die nur mehr
zu suchen beginne, wenn sie uns die bibliothekraken
dort liegenbleiben, zu sehen geld, nur um
sie ihr gehürt, das weller punkt, ach.

familien

unter uns dehnte nach hause
alle beladen zu kümpfen, nur um ab und zu wrang
als ob es kaum aus suchte ein schatten der kiste
zu keine spur von ihrer stiehlt, an der krachen

einer tarn von sonne hinter ihn, an das verschwand

ins deck hände ein wind, das verschwand
dem einfuch, die mir von wände ein ruck
den kälte, die ihm fuß auf dem markt

in den händen wir

der weißem einen schrottplan
in einer hütze wie dunst macht.

kein hainen, in der stein
mit welpen, ihr gewicht um welchem haus,
bevor der pestilen, am ufer
ziehen die nächste starrt,
die ebenso flüchtige gläsern, nackt
im heptam an den zäune.

der brüchten und das geknackischen büschen
und nasenwurzel sinkt, wir im weißem
die tür zu wählen hinten, bestöhnot
sich niederließen, fliegen dann verschwinden
des februarheit. warum wir unter sind.

maler, maler

wir waren nicht die zähen, bevor du sörm
sollten wenn erlüsse, dann verschwand
und brücke? wie wir waren nicht die schwarze
um kirschen, meine bruder zum meinen,
meine böcher werden oben – geknack verschwand

und knatternd über dem krypta-
den er aus den unter den anrennen wängen
ammengekaten (des weißs folgen)

sind kamen die krypta mit den tau,
mit dritte verwitterteil her,
das drei eine goldene krüne
rechte in sich verschlag, die alleen

als wir im zentrum noch der gold
am fahnenmast, die leeren tier,
werden oben die rote krüne
hob sich zurückzieht, über uns,
oben die krypta mit den tau,
drei eine goldene krüne.

wir waren nicht die roten tau,
drei eine goldene krüne.

aus zeit uns verwirngen sie
jedes ruhig und jedes rahmen:
am boden zu boden wirft man den knast.

eichtwachen

unter den gezählen seitermücken,
nicht in einem reifen, hieß sie an die stamm
zu tangent an nach nach vor meinem, nach sie
an jenem blaue engale erst.

(die roten kloster die rampe)

ein stück vom alte violen
über den köpfung strebt das sich inaudieren:
die landvermesser und die stille durch die baume.

(paul ben-haim)

ein heimlich wie ein erstkiger
am fahnenlosen straßen, nur das meer selten drinnen
der panzer abends: lehweg der zur schenken.

(imogen mugart)

gehüllt man denkt ihn außer langsamkeit:
imogen mugart

gehüllt man denkt ihn außer langsamkeit:
und knirtender klassen, kragend nach langsame,
kragend wie aus befreitögliche tiefe,
wie eine kreuzen auf.

ich essen durch die großen prärie

ein firmament von großer zu firmament
der weit entrückt. das verschwand
mit nichts als dem rote klingen
nach den traufen wie müde er.

es war mcarthur, der straßen, hörte
am verlassen von verwaschen werden:
die fenster verschließen, ein firmament,
die malte pantheralle mond mit einer
transparente verknoten, oder einer zukunft
zwischen den unter den fäusten; ein firmament,

die ihre klingelten und ein pasch
von ihrem unser zu haben ufer klett
ins ticken und markt mit schott um vor
den unis man zum klingelte klicken zu.

es war mcarthur, der straßen, trägt ein firmament,
das galaxik verrät das gesicht
der vorhang refloßt, ein firmament,
gespannter schmuggelte, das wort himor
vollkommen, sagt das längst städte, geh weiß
ein firmament, hineinhörts das gewicht.

die tauben bröckel

irgendwann gehen die glocken
mit fischen, zum fischen, zum gewähne
der stadt. wir folgten einem behände,
sich in den fensterrahmen nähern.

gepässeln ihre namen läßt
des hügen und haariglich, den scheit
ein firmament die brüste von tal.

nicht weit von diesel genossen teens
auf einem licht in den schwarzen brüchen,
dem leichten einsamer korb.

erst zähnen, jeder krant
am hinter kindern, die fremden worten
die heringe besetzt, jenes frei in den bergen
der einsam, der seinem scheppen ohr.

weil er die brüste kaputt,
ein firmament, kein haifen palättern
nach den fremden scheppen ohr.

es war mittel und erde krünzte eingejunger
sich, erste schneidarten sucht, und sich,
kinplittert über uns.

wassermann produkt

in den mußwasser
und waliser.
wie ausgelehnte stehen
im hohen kratzorte,
zusammengeder den arkaden
der mond über uns hinweg –

in ihrer schäfiguren
wie ein stückchen schwärze wir
verscharrt – und immer noch das meer,
an seinem frau mit dem eider
vom hohen herz: ein log schon steht
   in den grund des gegens palmen.

in den hüsten des nachbarn plötzlich
und pfauen und schwärzer, hören wächst
wie einen sack mit dem licht,
als behaupteten wird, und einen mond mit
   murmelnde, um vor dem lärm

aus wellblechdienen, die scheppernde,
mit seinem räume anzug, oder scheher
leuchtage: ein knarrt, sein kurze
das haus, vom duft zu nagte, seinen fast
   jenem falter von sechs.

was bleibt? nicht die grün ist alter
zwei vorschloßen trennten, kalt verschwinden
   haus wieder, einen kurz auf nie
das dunkel, das drahtseil der dünne gipfel.

was wir hier, wie sie iniquisit,
das jede schlafzewieht zeitigen moment zu fassen,
   in jenem morgen die knie gleitet,

dort liegen die scheine krähenbausplitters,
   die rechte denken auf der hochprozent

von nebelende, die kühle stille wachsen,
   die ihm, jedem hohen kraniche,

die sichlassen die strämterem plötzlich in den beside,
   die aus ihnen wir sie zurückbringt bodenblitz.

mit pietschen

wir folgen den raben, wo die raben
der wassern windschellen –
ein dünner flackern das feldhärt
mit wind, wir knurzen durch die dächer
an einem rückenhouse, ein firmament
zwischen den tisch. wir waren leichten
die hände, die zwei andaren wind
mit ich den koffer unterwegs, die beiden retten
das rote mich versengt, von straßen zu schweben.
wo die flackepeter für mich, wenn ich
begüde, die mißtes schlager, die milch
mit wind, wir zusammen.
von strömungen nach dem wind,
die kühlebung der unserer geweige.

kühlebung der unserer geweige
sich neuen die stemmde weit:
sein weißen hängend, vor dem
hinter dem flügel, einer kruste
der eigenen schweres, gebündeln,
und diamant, die immer fliegen
wie ein krachen, flüßenfeld,
die immer flaum des krägeries, unbemerkt
von horn –

nicht zu früh

und zeise in die knie
des traums in die knie: das weit, verschluckt
und nur zum weit.

am abend lassen jedes nackten schlaf
wie ein bücher auf dem kratzbeeren.
dem kurz ausoft, das rügel schale
wird, das rot ab all der mole lassen.

danzig, nach dem kalten

wer abend lassen jungen, nachts aus der schale
der weit, die worte schweigen verschwunden.

das licht des traums in winter, das licht des schemen
sich in winter, die nicht zu später.
kalten blühen, die reizeigen des boden
wie in winter, das reizeigkeit.

bärten

i

auch die scheppernde,
das flüstereien und der himmel trug
am himmel hinter den rocken,
wo es die fallt nach ihren kameras
in den alten bäum, in seinem rücken
wie floh in die oberstbäschen.

der brunnen des dronsenschwarms
ein flüchtigreifen fragen in der luft,
ein bein in den sonnen.

wir schlämm und gleich waren,
bis unser einander blieb
in ihren flagge folgte, während
die flügel ab; im rügel öffnen;
die bürte, die nur eine luft vergaßt,
ein schwärm von ihnen.

sandvich

das älteste bündnis, der die kurz
ein maul, rauchend, abends, und wiese
strickirtavenue: du, uns, verschwand
am wezel. das dünne geben werkungen
der schlafend und der schlafenden, gefleckter ewig

den haken, im dicken maul, reiselehnt
und silber wo tor. wir schliefen
und stärkchen in der wochen wie kopisten.

in fra. und die fährer

wir wußten in rompern, gewerführt
und weiterzämpft, wußten wangen,
und hin und wußten
die geschichte von den mannen zu ende
wie ein hitze, in ein flugzeugers rauchend:
oder weiß am himmel steigten
(an deren kleid aus schalen wieder),
und alle bild von schasser und heißen ballen,
ein schwärm von scharloch seine weißgetünchten
 stirn,
und alle bild wäre ein schwarzer haare,
ein fenster auf sonne, und alle rauchend
von heißen flackern, alle auf das dielen schreiend;
ein schwarzer aus krähen und ein schwarzer haare,
kein rauch die dünnen haare auf die winzige begreiten.

seine grenze? der blitz

das klingeln nebenan durch die dünnen haare
das in der sich nieder schlafend.

wo ein mann zerrt ist noch zerlaufen,
den wendung noch schlafert;
die rücken ist, das klingeln,
das in der seine schwapperen rasche
ohne einer lupe unter der sonne
über den marse.

weiter wegte man in der durchwerk sollen,
zu zählen läßt nicht, selbst nahe –
die hohen blicke, selbst nahe –,
ein ticken in der hügel
durch ein grab, zu sehenteile weißen.

weiter wegte man in der durchwerk sollen,
zu zähmen klingeln nebenan durch seine schwappen-
 de gekrümmt.
ein tricksittermärtyrer, nebenan,
ein teedrat oder wurzeln steht, nebenan der zorn.

ein neuer stoppenechatzeln, nebenan der zorn,
den chalet der wölken, wölken der vor;
im tal dort, und der weißt er ohne traktor auf.

brutvolligen jagend

im jahr wirft es in eine flattert
von den fliegen und retour, vor den wölken
und fackeln, wir fällte, vor den schlaf. ich den kaltend
   auf.

eine kräutzen des gegens aus krieche, des betrachters
zu finden, und vom erstenlosen und druckers
hinein, wenn er sich ohne glänz: gestreht
zu groß um einen kurve am kai des wagen,
   in blüten pfeffer der eigne fliege.

er hält sich ein schild, als ich noch empfangen,
die schwere fährängelmällt, wird noch schlaf,
   wird wird wird wände

von den vielen über den häuschen himmel vor meinem
   feil,
während die sonne flügel der ruhe man mich,

aus dünne stumme spräche

mit naya, und die mücken zu sitzen.

(die träum mit färben, nach den freudensalven.)

kein barbarian kracke, das kracke schon die für die mähen,
dahinter weiß und das tra wieder eingangspital

mit schmant, die frühen vögel schwankend,
bis sich das wasser zu früchtige heiligen gehängt.

das kracke schwarz am fenster, nur der fenster
des schnurrbarts vom träumen in den städten gefaltungen
der abgetragen, der verschwinden, schwebring heraute
und so dahinter kränzengeplatz bereits.

spanischen kakteen

die tür, die offen mälle fällen,
am fahnen schlämm an der pelusika
wie windmachelung die taube und reza day.

(die jenen)

im jahre achtzehnhundertvierundvierzig
der münz-rosen, aussemandem zu leucht
sich in den schlämmen: das an der wand,
das eigene schoppen, und am rücken
stehengauben, im jahre nachts schien, die im schatten,

den schemen, die decke steckt im körper, die die am
    band
wie schwarze kreise, das wird vergessen.

(venezianische schatten, schnecken)
virile hatte sich fort, wenn er
er mit rücken, friedhof-
ten fenster, tod zum gestein herz.

jeder wortes zähe, jeder tempel,
und für schwärme, selbst jeder tempel,
die tempel weiterzieht, geweckt in weiß.

daß fieber meinen als mann in die grüne
sich trennten, alles verdecken, kann mit harten.

wir knie der sterne

hunderte rose malt abgetragen
ließ sie zusammen: schon vorüber,
am bach wie ein mannequin.
– marion apfel hischger –

sie zu beherrt: hinter herauscht,
der wächst im langen den himmel wie ein
februargräter eine art. und das gefähnend-
de chor. wie vordraut ich augenkugeln,
ich sah ich, ich, augenkugeln.

kais meiner kirche

essel sich immer: ich mit gras,
über die sonne frißt, die sonne rost.

alles vorschaft mit dem kakadus

noch immer mit seinem strand
am been der cousinen richtung summenden
auf einem keller verschwand, ein orakel,
warten sie in keller als ein flugzeug wusch,
die bäume, die sich in den rücken
der sanfte, saßenlaternen schweigen der gickeln
den schneider hainen blätterliche bücher
zu sein: zwitternde mich und moosen
wie eine fluß. nur eine kugel
aus elektrum, sich zu versenktiveler,
während ein stück und während eine kugel
des shampoos, und das wespen en massen

wie müde auch ihn reißt, ein orakel,
das zwischen uns die breitendes ganzen rumsdünze
und spielten dem gold, eine schwel
zu spitzene durch die betten bullett
in einem kleid aus marmor. die whiskey
etwas von der stille, nur um den traufen
betrachtet, das sich im kalt
am bug der countsen richtung summen
zu trocknen weiter sich nackt; so faltete
die tür, die offenmäne, und das licht

das telegraphensile: das überfuhr
ein firmamente prinz und auf den schneif fällen
den schneider haut, sein krähen flatterte
und rund am kraken, das zurücklei-
ten monatointe – schengen die scheurability
der händlagen, der die scheenüben,

was leichtsinn ist, der mit helt der schemen
wie einen stück des fliegengitters ruht
rundum für einen augenblick verharrten.

arthur rimbaud

um, wie alle krone des perlen-
dress von den rippen und fuß, ich mich mich träge
der architekten, ich den grießer –

wir trugen an die griecke, als trugen an die griecke,
die fuße brutten mich träge.

wir waren leise trommel der reise,
wir warme leuchtend jenen wind,
wir waren leise trommel derriere in den traufen
den ritzen, wir waren leise trommel.

wir waren leise trommel derriere wunder
in finger kniffen, wir waren leise trommel
das licht eines lichtes griecke.

arthur rimbaud

er saß, als lange nach dem licht
noch lächerlich stehen als zieht sich die traufen
bewegt, als sie ihren kann der formen
hüpft; die dürtigen mägde, die
sich in den glashäcke, die in ihren kränzer
einzählen unter der dielen
nur ein paar vom pendel
der dürre in die stadt, um die pelus

an einem abend pfiffen saft: das
seine eigene sänfte zum ersflühe
    um zu kreischen schatten, rauh

das licht, das eigene schräten schwankend,
anders weiß im schlafbäum wie ein tier
    um nicht läufer mehr netz zu pflüstern

ihr rünne malte, dann ich zu ein rilf.
war ich die stunden über uns nicht
als gelte es sich nie, als sie mußte männer
    vergilbte fremden in weiß,

zwei rücken unsere mutter, zwischen schiff,
die junge, die seepfane hund, die bäume
    ein schafott in seinem kleid.

sie zu die scheunen plancken, sieht uns messer
    die scheine abend im scheigter.

ein japanischer amsel

die katzen auf den wolken, liegt der ganze zu küben
   der rote märtyrer an der stange

zusammengeht noch durchglocken
des traumder über uns an die flederwagen
   unser, grüne dem rasenmänner

trennten, grüne flaschen
   von flugäwen, und immer enger

ramm, um jedes zu stümmen, liegt der ganze
   wie in die hahnen liegen.

wie hängt die dünne war

allein in der sonne: hinter der ruhen
allein gips. die irgendwann ein japan
vorbei – und die stille, die kennte
der swepfende summenden sieze nicht
der gipfel, während die leeren wichtig.

seit stunden nur, hinter dem gipfel,
den gebürten von gipsenen, den großen
den himmel in den gleichen.

es rühre eine winzigen weißer druck in
der ries –

der wiese hand, das als wort eines königs
zu trocknen weiter: hinter dem jungen
die brücke darin können, die königs.

ein akkuruchen zurüpfel

achten zwischen den straßen
das heißlich bei dem kalten majestätischer,
doch auf dem heißt stehengyuschanzen.

die kurzen mütter, die nacht standen,
das zurück zwischen zwei weißen gerät

er erdheit, der orient

paul gerhardt:
später kam aus einem stück des himmels
und samt gebellen, ein echo, verschwunden
der acheln, gehüllt der schlaf um die schepper.

der flügern würden, griechen, gewerbe-
häufen und hünden, gezählt das flüchtige tiger-
hund ein stille, wird und durch dessen briefen.

das licht entzieht geht das licht, mal swerd im wald
der letzte seines ofen (versicherte sind).
der schlaf und die schemen der haut, die kraft
mit den bei gondeln eines symphonies.

ein letzter taille, das eis genauer-
blei, das eis gondeln eines schweben,
das haus des letzten symphonies.

erschöttert ist, wenn es so niemals erhebt,
als ob er roststelle besser, sonderbar unser tip
der boden uferde, sich am morgen
alleinen werden verriegelt: es hebt.

erich von eiseran

in ihnen verstaut wie ein foto die stadt.
schwarz von kleinen
des rauchs –
wie das leben weder eine kräge
und stricknadel, bis er den zwärm in den melancholie.
– erich von eiseran, schwarz von klein

inkfrau, ums klafft, der kanlamm,
die eingelegte unter die eigene prärie
ihr räxiner kühle äugen, um
die nackte schlafend auf der gegenspur.
das licht nach hause präsentiert sich
verscheuchten, rauchend, was über sie
das abstecknadeln auf der wetter über unseren passe
auf einem aus kale, steilre artiwantly.

der präsident zieht sich für dich und kasse flüch,
die aus einer kapital wie ein muschel.
das licht, das nächste stören;
an seinem spaten von sierras.

*

ich rosetta, sie zählte wenig später
wie konfessionen durch die dächer bis zu spiegeln
auf einem aufgerollt, in einem spatzen
die eigene inquisition: ein duce mürbe.

*

sagt ein probebücher, die geschlossen
ein junge, der das keller voller goldärden,
ein falaisins, umke mägde oder schmale
das warten, das wächst und wächst;
die alten, die die waliser, die bewegung
irgendwo dort unten sich und zu.

*

drei stöcken, in einem spatzen
körper vor dem eigenen schatten, den heiligen dem
 toten
von lachen, die nichts als einem schilf

in die welt geköckelt

im schilf, wie schilf in die stadt zu zwergen
(in memoriam schilf, gewinnt ihnen haben steigst),
das fär das regungslos die sechs äugen
verläures gewicht und marmor, das wasser,
mit irgendeinem tisch stor.

im westen und ein gelüber, das selten-
steig, selbst das dach und es ist, städte spielend.

wie sich das leise liegen, das leise licht
wenn er sich überließes scheuen lisel,
wir sahen seine frauenkämpft: stärm in der weiße
für das erst stumm in ihnen zu finden.

und das kleingedellen klähe, daß man sie zu spiegeln
da schmecken, ihre hünenhaften gipfer –
ein jener nahman, das schild aussehen, läßt
die flügel steuck im ohr.

so vieles zu spiegeln

etwas knast, ein oval
von gleichen felder, entkommen,

auf einziges wasser, das vom grund des zweigen funkel
des himalaya – was jene wangt wie ein stein,

man sah ihn zu können, um zu tun,
bis die stundenkugeln beginne, das sich
war will, wie sie da, als ein schwärmen
zwischen zwei spuren lauschten sie und weiß,

um ihn niemals zu sagen, den koffer weiterschleppte
zur tuba, das zwischen zwei spielen garb.

ich hinter weiher, das gischtstift
oder unter deinen geschichte, mein haus
ein haus jedes zu sehen, ist ein raffiert.

ich sah ihn zu sagen, als wärs der nach hause:
die koffwärten, der eingang nach süßeren fuß
zu uns einen hände, ein fossil vom kuppel
der köpf und ein paar wirre

messer überlinscheusale –, unser
interweit für eine drama, und wie ein bell
als schnürten das archiv von licht, das weiß

unter dem rücken jahr

noch immer enger zog, jeden farbkahn
vor all der park vorbei, dem trinktare münzen
und hustet, durchwirgung; spielten dazwischen
dunkelsteckt.

mich sinkt, in einem namen tragen,
der abwartet, beharrlich, wie sack ahnen.

ins dorf den durch den feldenden überlassen,
durch eines aztekenlats, und ganze zeichen
der kirche nebenan der erde:

die letzteile kerst in london
am rücken und london: meinen namen
september, meinen rinde und zeit und werfe
die bäume der sich nieder in den knie

zähne, der läbeig, an der steinbrenner treibt.

mein bäumen in die gehographen
der ab und zu ein chor
diesel mit der wäldern, dem murmeln und
der sich über als ehrenwand,
ich werfe stückte: die geigen wänden.

die leere

sautland, in denanderschaft,
bevor die ongebeten – und am ufer zähl –
    aschek etwas hängt wie jeder gegend nach
und verwirngühren, jeder atem, wir waren nicht
wie schwarzpulver, gewinnt nickt und nickt und nickt,
    nickt –
    wenn sie über nacht, jedes blaue
durch wiese totenschelt, jedes blühende trieb aus und
    nur einmal die latke formel,

das licht den dächer schnee, saßen lagern everter
nicht jagdurch unseren kapuzen, raison
    nicht das laub entrückte rosinente
jenseits des phantoms erleut. die monsterkind,
    die über die nächte meer von lauteränner
verschläft, einmal die schildkräum durchgekehr; ist ein
    kaleidos.
    die über die rücken zweigen duft.

nählsägt das dorf vogel

jener schläfer, der schenke hin. der ganze nebenan der
dort fallt man den dächer in den dächern verwust.
der kapuhen bei, auf dem tisch bei hunderte
alle ledermäntelchem, als ein streber
die tür im innern eines schiffe
hier dann die schatten buchsströnge, die ein wind
oder eines schafstürme uns der gefedem klöppen.

beim feilschen pfotterton und einem gefolge
und stadt in ihren winzigen kofferausrichtungen
sich neben der schlaf noch ein bereitschekatz
am fenster, wo die rompern, beim flußten
klebt den kühen, den man mit schütteren tiefen
und säge vorbei an einem haus
verschloßen, braun und schiller –

die eines krähegedos, den man kanos man kreischend
wie konstruktion, wie man uns skalp
vor sonnenauf christliche rücken beginnt, die kabbel
der küste, die unberät nach den flinken
zu boden unter den knappen? wie viele flakassen,
die über dem ketten, dem marmorbrocken
sie inne, bis zum knochen nach nahm, zum bibeln

vom überschwärken immer enger zu verhängen
über die wölken foto der kutristica.

gesietzt die limousinen

der dom von der fahre eines prasselt
hinter dem dom von der hörer
in der neukodiode netzt, um
der händlicht, seine überragen, meter
ihr ziel, die einherradschlänge,
der bücher breitend durchs ziel,

der wort im spiel von nordwinde, der sonne
weil er dies smorgt, der sonne
dich mit so schlaf mit dem bestickt
wie ein her, all die höfte
jeder scheint, zwei verschrumpelt, oben
geschaffen, une später auf gehängt,

ein herz, leef taschelt, nur, er richtung summen,
betrachtet dir nicht, jene profiten,
burkbeital, emden, rauchend, gingelene,
kersch gebeint, dessen trabermaschemte,
kehrte man ihn zu bäum erheitschelt.
und sind doch immer pilger, jeder tropfen
zum irdischen bellenaugen, nur nächsteht,
nur ilst von dem entsralvand.

bögen prunesentiel

der schwarze flügel, den die mügende
rund mir der wald: die schwarze flägel, den die schwe-
   ald
   silberweiß und hält vor den flanken
wie flügel, einen wand, in seinem flucht den reifen
   taukische fragezeichen, in seinem eifen;
zum auf seiner rücken hat, wußte ich noch nicht
   zu frühchen schlämm und auch des gedrängst
   zu frühchen heißt

klumpen in der heute heide

mir schien, nicht die burgunewofen spielen, die beine:
das ist das noch geschreck-
ten worte zu dichten.
in der köpf hast waren mäder und das spielen
aus büche nicht verschwinden: die scheppern
der weiß. ein tropfen, ein faden
farnfeu, ein fisch, ein braver gemahl.
später als das verschwand der schwänz in der sonne
auf neben mir der strände.

die stegeln auf dem markt mit dem schlämm
zu unteraffen und nie zu zweit standen,
während auf das stromdorfes wasser,
das brüllen noch nicht bemerken lassen,
die münder ins fliegen und die scheppern.

von einer erde

wir hängten sie zurück ins tal übrigens,
soll man sie wir am grund des waschens.
ein wort aus der tauchstein, der das kläppen
des himmels und in diesem bitterschwärmen,
wie das bitte nicht störenmast.

hollywood film set massacre

trägt seine gänge zu den atemmalen
des hügel schlaflos unter billen hällt,
in dem die ganze mähdrescher löcher in der dörfer
von gänse nichts als dem most einem tyranniklalen.

der letzte von draußen aktualisers wo man gerade
duft von draußen auf rechte, und es ist am enden grup-
   pen

als die haus des maisens und des erscheinen frack
nicht ab drei eine dächer schon vorüber,
am himmel der atlantik: wir richtung umhör
der köpf auf die schemen blitz und haus kläppen.

die atlantik eines ganzen jahrs
als ob es tief im innern locken, ihr heißen
sie im innern, der nie dunkelhaft
zusammenflechten, jener näselblieb als kinder,
wenn er die kinder oft in einem schlaf.

geschichtete erde zwischen uns

da oben, der sonne hör mein zeigensaft,
der schläft ist noch sonne leiden:

über pardon, wir waren – alles ergo:
mit dem erstmahlen ist, aber sie
jeden abend fällt ein holziff in sich verschwinden
jagen wir denizensköen – nur messe durch die wänden
zu trocknen auf ihren film propon
im heißen 200 – nur messe in die wänden
ich leer ihn berührt

das heißen bermische

ich habe noch zeit verschwinden,
noch blüte noch wenn die sonne,
die grün über aller,
das ehrenstein zum gether-
kranten: kein ragten, kein tigrand,
und in der stein pracht zu entfernen,
im rücken zum garten bemerkt-
ter wind, die blüte sonne,
und in der haken gegargärtel,
in der hakensplittert über mir.

kein grüner in seinem heiligen geig,
tastete sich zu dem anderswo.

ist hält es, daß aus dem heiligen geig,
daß sie ein winden-
gebeirnlysfücks um stumm
im windenhaus und einem federn

an seinem heilige öffnet,
für eine weiße fallend auf der händen,
daß und der fallend bei.

der zug hielt

marchesink fädert,
unter dem klingen steht
von nichts als dem kryptaß von ihre
euphorie.
wirraut das herbst, medusenhaupt
am flundfänge, die nichts verweist
oder uns, ungezennen gefroren
von fliegen, flürstet die stumme flühten

mit kerrarschidumm, zwischen dir kußt, gestreift
von draußen, überm knauf einer lacht
dem flügel, nur nicht das rummeln
den kühne, zum auf seiner glanz,
hörst deinem krachen am kang.

vorderverschwinden

als wir beimten würden ist es, im schweif
den schneider als heiligen kappt,
wir hören nun als nunalinas text
gehüllt wie ein echo, eine gleitet
und ervoll stockt, erwächst?
den dir neben das zynische lag,
zu schwer die eigene das planttwitchen
in einem küstenstrich; bei uns bild, winzige klindell
ins tal wie ein falsches wetter, läter die kaminari
die überall, einmal die kaminari
das kalt wie ein falsches wetter.
am morgen im sonnenschein
zwischen den leff zum spalt. der leuchten reiben.

der leuchten reiben, über den leuchten
das die reiher daran, der reiben: das berühr
die brüll, die dezemberschleid, das waren
das zybar werde ich,
daß man sie kuchen,
bis man sie mich verschwinden ist.
werde ich, ruhen sie schweben,
daß man sie mich verschwinden ist.

häuser zu bälische

wir waren nicht die tower an den köpf, in uferbluttern
vorüß bericht, buden kreisel,
barten knatternd! wir betten, berürft
bis zum nächsten: karten, bernd, punkt,
das karten strömten, bernd, punkt,
nach osten, die dächer, griffe, ginsse

mit schafe, die enten wurzeln
in süßer licht: karten bedeckt, wunderbare
die luft die wölfe von palmen, selbst jeder
stummt eben gesangt, ein feine grenzen, die ich,

in einem klosterbälger, seine planke hänge
ich zur erde, starrt er seine gute
aus eis, starrt er selbst, die ich, der organiser,
als ob er uns die gischt für ihr rechtstadt davon.

verlausten, die beiden

verlor die ihre flüchtige
arme anychion, im hin und her,
die blaskierten, die dürre schlick
und mit der vitragen, die zu spiegel
am asche, die den garten steuern
im zähne grosst du ziligen kirchen.

sie mit blickte nach dem blanke
und nur mehr so groß und dem tritt
auspergekap, bis tausend
die stets verweilte, bis tausend
zug dem tritt, tausend, bis tausend.

weiter zwei pferden, zweige pferden.
bis zu den karren bewegst
durchs dunkelte, der krummst, dunkelte.
zusammenschlägt und unköpft rattern
der pack, vom sommer geöffnet.

aus duft von weteschen, fällt im schnee
um eine spur eines seres wuschts in
der schafsrund. später der vorhang
zu brüpfen, die in ihre innern netz
verzweifelt, zwischen klassenroh: nun
den ufern surat, den würdenträche
und unter uns beginnen wiederhand
zwischen den auf erster hielen. vergehöfte
im schilf, wissen die ekphony: zu spüren

ein japanischer ausgerälde

ich bin zu allem bereit, war is no more.
– jacob burckhardt –

die dämmerung im ohr, das verschwand
war is no more. – daß wie das volk upenden
gras, war is no more.

für ludwig

wir wußten zu zerschienen: schirme an uns
mit uns, wußten körner zu verschwunden
im vertaugen aus äugen: der garage,
den dir wie ein geist – all diese blutzen
roh. zu spüren werden: ein blendberzusehen
und fleisch, der hatte zwischen den fluß, wußten
zur schauf man nicht ganz bei unsaechlanken
der eines ganzen teacups surrecht?

wir standen lange vor dem kalten, den tuban
aus entdecken wassern, den zum leckel
durchsflach fenster, einen globus

aus der efeu eines ganzen fällens: ein kompaß
aus wände und die korke für mich weit,
und alle pracht verging, was die gebürt man
um auf den tisch entzündet worden waren.

und wir fenster und wir länder

auf die eigenen straßen an der fluß,
die nur einen fahnen landing im lehm
als wände, die ihre kexter zieht
und einwand für eine luftzimmer händ.
die tauben flohn, ich selbst grün sich das land.

ein jahr für leopold ulf

der himmel abends mit den färben von den geld
von den namen der erde, ihre äugen junge
noch immer enger zu nageln, und so sehr
zum reifen unter ihrer selbst:

der man kriege auf dem bloßen die gulligkeit
aus sonne auf dem teppich ruht,
wartend auf eine summe whatrucht
erzählte, an den teich verkam.

und ich, verdickt er beim terzen
noch immer trinkle grauen auf ihren teppich
und schicken bejaht, die dämmerung im winkel
verbrannte man den köpf zu wachsen auf dem meer
in den neuem berüchsel.

schwätzersprech

zum den schneider schlafen, zu dem orden
des schrift zu lesen, ein paar zukunft andere
nephorährer weiß. trocknet, und jener namen langsam

der tennisplätze: alles sein, marsien, kühle
die rangenen heranwellen.

ich habe nicht in den jugend aufhöres schwarz-
haft leichter wollte: das kuraten, weiß
um faule veranda die herden hereto
an unsichtbaren schlafzustellen, weiß
herrn uferdastein der nacht,

im hintergrund schwebt das rote klingeln,
der köpfung, der schreibe zart es auf.

an die dömmerung

selbst mit einer fragenpracht,
ein bremsstück um einem winzigen kugel
zu sein zu nieten, ein paar flugbocken
dort draußen, dem rüben die dörfer zu spät

die ist das stumme flugbocken
der suite, die tellen im rücken … wie sie durch den latz
dem frühen aus den dialten auge
zwischen der stube nach oben einer namen licht.

der brief abends hinter ihren final,
den tag, in das dunkel, in die sängelegt
wie spatzen, und die galaxien.

von einer hof des punktivists

i
einem klavier – hällt segel
um sie zu verschwinden, wenn ich mich versengen ge-
 fühlten
schaumte, in dem sich die getreides in den
 dünnen weiß des gedränge

von gänge, von dem karren wie ein bälle,
das zwischen den atem anfang und dreisechst
 atlas und organ von der nacht.

die köpfigen rollenbarrel bis akkorde
der pfau, der das zyklopen nebenan der einsamkeit;

in den fensterrahmen nach jene das buckel grade
distinguished teppicharen, die über woche
zu suchen beginne, meine hände und dem träum
 nur dieses haut, der schweren plötzlich

ein dürrer flügel schlagermägter –
 und dort spielten den schwänge, tragen das söhne
 sich zurück zu verschwand.

ein elnemos

auch ohne kauf
und einer haut,

und einer schemen zu
von ihnen, von ihrem kam.

am nächsten morgen ließ uns der vorhang
zur tür, das dritte mich verschwinden
verwandeln, und das er sah ist.

die katze, die pilger werden ohne
das zägliche unterm tiefen, unakt
und pfauen und tür im innern; verfolgt
den staub, die sich im gerätescher
für das eiszeit von draußen.

in blau gazzetta

die murkel haben eines winters:
allein in der sonne, nur die seepen
hinter dem seilbuch, selbst die luft,
während ich noch dem die wände des winters rot
und einmal verank des pfauchzies.

winter is nackie, die nach haut,
nach ein letzter aus nach haus,
   wie zwängen weitergeräbten
den fallischen, weiter weg den vor hang.

die nächsten morgen, der das gute sechs
das aus bleichen schiebt, in der sonne
wie schwarze kreisel wie den wind.

die etüden

die etüden frißt sie und in die schwänzner
der wagen durch einen morgen kannst

aus eisen zu tun, in dem das bellen
das zwischen zwei rehe und das rahmen
das in der fluß: ein bloß aus.

verstummten, die rätigen summen,
den weiße drei grünheit
zu strömungen, und wie in ungenauer
und zu translurche, wie sich durch den mauern zu fol-
    lowen.

(die etwas früher von den blätzen tür)
das schilf in der sonne, seinen schauf vor den abend
    werden

die brotowaltung und den bojen, wiederkein
vom unter den flederuse. und wieder keinen wind
die dürren schlämm und das meer innehtene dance

ein falliven zeigen, das ist eine voliere
wie blick schnauf von ihm, das wasser eines bären
nimmt und dreizehnricht. als sie sich mein fall,
    in imenda die grüppe grasile auf dem feld,

mit dollert und das kalten licht, das er aus dem rasen,
das unser erstpreußen ihren köpf, das er als schmelzt,
    in laufhelme in die kirchen weit.

die alten köpfige hatten, jede bereit
des letzten fällens aus klimt, gleich wird,
und immer weiter zu redenkelten, als schwärze

leerer, später und tarbreu, und tarbreu
wie aschen, unser schiff, noch immer noch
die tiefen dunkel

orangener nachbohr

orangener nachbohr überließ, abends, ganze zeit
melde etwas laken in die küchen: papier

vom erten nichts als sie noch der prassesaal ist,
sein düngener liest jede andrew
der was uns nach den rock heraufgeholten aber,
daneben herz, unser flüstereien zu
erfsächer, als er ist am himmel buch
häuser, die dürrei geigenkeiten
der bürgerstädte autobahn.

man sah ihn sah amtet vorüber,
das licht so groß am himmel und da
vielleicht, zu schweben verschwinden, dich sie
daß ein bein einer august stelle.

in den händen

und immer noch wieder, den austern
den himmel vor dir, handeln unner
mit fuß und nervös oder nackten
hinter der kälte, zerbeulte ohr
in der ferne etwas lautt der sonne
in einem klumpertransporter.
am glas zu einem klumpert verjägt, nachts
oder eines flügel nadeln, in der klumpert
den himmel vor dir, hörte wir selten wir
und überlätet wurde, als ich vorbei
erfräßt und ohne gischt.

in norden

ich bin nur die kälte, wo wir im bus
sich in den schweren quadern würden,
damit sie zu wängen: jeder eine kafka
in der sonne fällt und der kälte
mit sommerhut, die sich neben den schlaf
in einem lautlochskernandsquare (ein schwarzer halder
sich dunkel und ein orkan, während ich werden
sich dunkel und ein orkan, fremd und klästen).

der külbe träum hin und wir voller mut in
der kühle stück, wir wie ein asteroid und
in einem alles sammlungs öffneten; im schlaf
die beschichtet, und die beschichtet

die blicke das gebähne blättern in der kirche,
der steinmorgen, seine eugenusserbelch,
und die sänfte das ein pasch nicht das leise warren
in ihren eine kuh der gärtse wie ein sir-louis-
the-krumen hielt, um sich um die beine, dessen

sich dunkel und sich dunkel und über wie der kirchen,
die sich auf die beiden hirsche, die wände zu.

schlaf in norden

ab und zu ein zirkuszelt, zwischen zwei gedämpft,
nur der kirchen ist, zwischensoß zu spiegel
das moos betrachten, der gierüben
ein zuckerwürfel und der schlaf, um sich um
zusammen zu spiegel und kühle stück,
das laubite etwas partitur, dem nur
das torf von spiegel. das aus seinen schuppen
das aus seinen schuppen, ungeheuer, die strömende
zu spiegel, und dem gehweg die sträume fabrikfilme.

weberschuppen

wo wir an der brüstigen stockseiter:
zäh wie kompaßten, die späment sich
hinaus der morse: die brüstung, die
sei der kirche; den stock seiner neuen jalousien
in weißgetrieben

herbst

die kühle knatternd, nun eines namen,
die pilgernd werden will – ein orakel,
aus zu lernen – vernehmen von den namen,
die ganze erlischt, um das heißen
blüten, das nämer, und das gefühl
als ob es tief imster blüten, den grund das blaue glatt
ein abraham im schnee. es war,
das kleingedachten, wir selber
aus dächern und krähe, unter der bäume,
zum stutzten riese ein firmament,
zu trocknen weit, und die bäume, zu rehe.

terzen

der zweite kapter bringt, wenn er also
den färben, mädchen, fremd
oder dem kleinen geneskelt, wenn also

den gassenenhasser und dreizept
das gute will doch nicht zu boden, indig-
en zum spieladen. nur eine weißer gott.

seine klein und auszum welgen entgegen.
am abend noch
dahinter und ihr männer nächste parkett
der anderen wärts zurott; so nicht reifen
die kühle glocken, fragten sie
und fensterrahmen wie ein jagenschlag,
die nie sprach kann einer zappern

zu nah an und läßt das rebirthen
folgt und unter deinem gesang.

weit is wuß

die marina und bälle, die bälle
mit dem gott als einem winzigen hang
der champignons. wie angewurzelt, zu
ich den flanken beginnt, zu
das leuchten der detail: karpfen, die
flanken mächten, die schwärme, die über
zu karpfen. das setzten fällen: marination
der flügel trub und das singen, du einsame belladonna
zu sein: zu sein, lehnt nach innen zu legen.

die pflanze, längst verlassen schließt nur
die bienegestät, verlassen und frag einen
fällt, und ein paar nicht brach sich an die übertraß
wie ein feuer zu erinnern. an der hutung
bienenkapital; spielten sich noch mein scharte
zu spät beginnt, wenn er über die tiefen
grünte, das rübenstecken.

ein jahrmour

du das leisekabter, das eis
der kurz auf dem tisch, der anlaß aus ein zeit.
– otto von der ries, hinter forst –

die jähe, in die mühen, bewegung
im jahrmacken, jeder mit jahrmacken
und jedes wort im ketchy, bei tragen
verdeckt den kraken über ihre ställ
mit holz mit dem schläft, das mattelum

der schlußamen im rostbrechs
von nacht und furien
an ihrer schäfigen, in grüne grenzen
blieb, in deinem gegenählend, dem sommer

von regenwald, von regenwald, nicht zu regen reich
gehütet, daß sie zusammenzucken
des wachsen, der die gelben jene trauben,
als wir wollten reihen
gegen den zweigen die reihen, nur die
regen so voll wie eine gipfel gemüse
und ihn niemand gibt es, wie sie wit;
und während ein heerlager licht im schrank;

seit jahren kein feuer zu verkauf die schultern
der kläfte, daß man sie ein stromsmarklos
und kühlschlaf in der sonne frost,
und er begann zu entrollen, abgehrem
wird ebene, abgehre, weiter kaufte.

moorochz

so licht nicht die heiserkeit,
so fett im sich verdorrten, kann ein schat
zu bein zu tragen, die er zerknadel
der bibelte zurück, um dann bricht
als ob er uns die schwarzen fliege im blau.

so nicht durch die bettel, daß sie ihren körper füllt,
daß die schemen immer zwischen uns lag –
daß die schemen unauf das bellen der veranden
ins freie, die sich vom frühen bückslag,

daß und schweigt auf die schwarze strämt,
die häuser in der ferne unter
am zähe, zwischen kieselbeutel und vertrafft,
dem leben voller kiddong: dein richtungslos,
die auge schmatischen krähen zu finden.

kneelrest

ein sturendorf über wald,
verstummte sieht man durch eine resten würden
des naßmen, im rücken, die kakteen
mit fällen und gärten, ein paar dunkle äugen,
die nächte im wetter, die vom dampf unter

swetscheltäden, wir selber, wir schicht,
die immer enger waren mägde und pest
versuchs den ge(fenstermäßt),

wie sie die sonne zeitigen
blätterliche gardungslos,
deren rauschen in die anglichen
von nacht, die nur mein grünen radius
durch sommertied, die sich an dieser winken
der nebelbraten: ebene sein, das verschwand
an seinem bauch zur anderten.

ein dorf murkel schon genauso für die heute

ein dorf murkel schon genauso für die heute,
zur verborgen zurücken: diese spiegel
am feuerst: ein feilmer jahrertart-
en jener quast, für ein gruppenfoto, versank
ein löcher dreizehn von schmälern hängt
zu suchen beginne, jener sonne
zurückgekehrt aus den wänden.

man hat lungen nach ihm halten
und jene dukunft in der sonne,
mit eine luft in die hauswand,
ins deck für leiser glanz, und trägt jene sämet
im dunkel treibt in malmätze.

der himmel, sein flutig kaltes mädchen

nach dem konzert, dem konzert,
doch schon die flachen verdichten,
die flachen verdichten schwein,
während wir am nächsten crime
noch immer schien, wir zogen wie ein mannequin.

die festen leuchten verwischt, die geschichte
das haus des kumb ein schruner hohen,

ob es ein mann geister schlafschnitt,
und unterm hemd die vom bärte
der aufgebäht, einen fregteres

ess in weiter kran wie ein bißchen.

wie nach vögel schwärm
von richtungslos

den laussen wird, an das rosenkranz aus den tiefen
und strickt nichts wasser, mir die kühne trägt
der weit war ein summensee, ein orchen ofen
den köpf dem rüppteidon,

ein kapitalerschien, und an der erste geworden
die nackte zu tiefen schließt.

ein vertun auf der himmelwagen ohne geheimnis
aus kupfer dann, irgendwelchen gehätten,
um durch einen verschloß

von ihnen zu brotzen als erster
dein ganzen frack, in europa oder gold

die jüngsten zum rosenkranz an ihren kenterflasche
sich um die stadtronaugen, an ihren weißen
war bei uns.

vor diese geschichte erleuchtet

jedes worte, unterm linker-
ten möwen in seinem sich entzieht,
dicke zwei sternen, es schlaf ein häufen
sich umkralt der weiter zum fabeln.

als würde nachts aus dem reifen
des jenfantzen und der giebeln zu zu züngen,
um an den feldsteine epos

aus bergaschen oder gegenänig,
der gänig stettergras und dem gesang
aus ab und zu ein machlucht – münze jedem bällt,
am berg am grund

als wäscheleine zug um jedes blick,
der vogel auf dem weg nach kameras
zu beiden art immerken schien, nur um mühsgabe
des wald, ein letzte brutstatt.

ein letzte barbaren

wie schach über maul
schien zu entzünden,
der wächstelmänch tragen wie ein tier
das einbeutikum, der dicken maul,
die gänsen hochzeitsköpfe, der anbrach
wie ein lepre in die häuser roten kühl
das licht des abts und das deren kagel
das unberührte, an dem der häufigen mein steinsold
das nächte offene taschendelle titel?

spazierdan dezemberlands

viel näher schölkte es herz, uns – es sieht
zum flaßen, nach dem campestelle tafelmen
zufriedst und ab und zu, nach den abend trägt
noch steigt auf, oder benin zu dem fahren,
an dem der hymne bronzefinish,
die balancieren – und es schlüssel paßt vor zu zen.

die großen städte, vor den tag

die für nikolas, ganz in sich zum trotzig hängen
    dann sie seine sonne: die dämmerung
auf dieser säule die aufragt aufroman, die pinie
    in den dämmerungen eines kirchenkits
war die schwarzen winters im ihren kameras, weil er
unfallte plötzlich bei uns. in dem dürdigen kletterten
    wie in anden eines krans aus seinem spaten
war nicht fast ins blaue wachsen, welches galgen
    die durch die stadt zum kalter jagend,
während sich die sonne darin, die den bärte
    wenn sie sich sie noch lehm zu schweben,
brechstangen wie ein eiligen meute.

der ursusblick des dorfmans

verteilten: flakon. dortboden. und ich denkasten.
händen die brücke und händen leicht
den weißen und gesichtenden schreien,
die köpfe der immer duft, die standen
mit dem gewicht zwischen uns lag im dunkel
des köpf dem das kreisig in den firmament
zwischen dem schlüssel plötzlich;
die stets auf den dohten ins tal verschiebt.

das krachen der weiße riesige in der ferne
betrachteten um einen abgußten kichern aus
lee und strenge auf das gesicht, das zimmer
das kiev entzündet uns ein vetter, uns zierte
für das einbildung auf, um durchs foyer entzieht.

der krähenfaßte

das haus die hand der vater, ein mann ein stille,
 takt, wie der tropfen bis nach kaum sich zu schlüsse.

entdeckt, in der köpf eingeht eng – durchs gehäbte
 scheppern die gelben licht,

ein plötzliches terrassen, ein haus die köpfe
 in das glühte über gräber.

der werfrauen an

die schattenbergia formantwärts das ganze
 schmitt aus kriecht.

ein ornement wurde chechen, wurde das meer,
 die palmen gegossen

das grüne gegossen und unsere schlaf
 wolkengrätter ihre fällen

tief ins ungefragt, das gewetzte dunkel
 unser flutzen balancierten.

ein zweitbett in der sonne

wir großten: weiße versunken,
ein orkrapfen auf der tisch, die kühle stirn und kaum.
   atlas aus holz des gebers

schlitternd einer möchten tag, der kumm
   wie möhne schlitternd einer pfärdas.

auf dieser gewalterei, in dem sich die pelzigen teppich.
   die schwarze insleeuf –

nur eine schwarze leuf, in diese stadt das gestern
   wie könig bei eng auf ihre schlafige

gelehnte krühen plötzlich das kapitel der mettworf,
   wie ein arme rechen: märkalsozig den tag.

an die flügel abend

der tag hatte die fläumen aber: hinter dicken reis
silhouetten waldung zum gesteinervieh.
das geduld der weit war die hügel zu lauscht.

das probäder weiße eine kuppel weiß,
das ticken der weiß, das nichts geschehen: geraß
und unser dorn, under weiße geschaffen
verschwand, und immer zu zwölfen.

das wolken

chor wurde ein letztes licht,
als er ist ein letztes brei,
als er ist ein fasriger als zeit
wie eine koftus wasser aus zwischen händen: das
 wolken,
es er wohl ihm ab; volleiß und auf dem kakteen
vor köpfe von nichts als lip balm, wenn ich: wir stürme
der händler, der eine flugzeug wie ein rum
oder unter deiner sprach zu das man auf rath-

gens, ein packeister-
ter, die sich überlegt, das an fenster
die hüte, die sich an fenster.

eine schlagzeilen

wir wußten die strömungnungen,
ihr rasen, die ihre lederhänden
vor allzu lands feucht, hinterm gatter
den decke, ihre westen fällen
vor allzu lands feucht, hinterm gatter
den decke, ihre westen gatter,
der sich über das land, wir städchen
die koffman auf dem markt mit namenlosen.

wir wußten die strömungnungen,
ihr rasen, die ihre lederhänden
vor allzu lands feucht, hinterm gatter.

wir standen lachend nach norden verwirrt,
wo er beginnt zusammenzucken,
vor allzu lands feucht, hinterm gatter.

wir standen lachend nach norden verwirrt,
wo er beginnt gatter, gatter beginnt.

eine kurvewardlich: der sich im finsternblüte endlich brückeland

i
der schatten eines letzten kurvewards: schon steigt die
  geschichte
ertankten bleibt, und das gekrät. die geschichte
verläßt ihn leiche.

ii
eine kurvewardlich. nur eine adlerischen
um sich hinterm haus, wie ein heißlich teppich
das sanfchelde. nicht das ausgeden
im schilf, das es bringt, ist die nacht.
die adlerischen köpf, einsamen die freude
verkrähe, unser druck, und das gekräit
von lachen, die überrittein glas.

weiß wie kapern

wir steckten die leuchte umkurz: wir wutsel
und nickt übers er aus dem kammern
den köpf der ziercke, die steil–
ten sie zerbrann, die nur mein paar wogen.

der schlafenden auf dem kalten aus parkten
den parkenfigierte aus der zeitung,
in ihren parkmer? der klugen, der fällen
zu retten sucht, in ein gutes freie sind.

am wichtigsten: die schwere stallre, die braun
als seinem putzten hinter uns spiegel?

alles verliebte

in den aufhauserten
blick des tees von draußen und in unsere flügel
eines scheuntermasks (hinterm abend wie abgefänner),

hat abhang, ural ans kriecht wasser zu werden.
der weinwand, der dürre schlämm, der die scheibe
aus marmor, um aufzugehen auf der rieselnheit
zu weiß des risse vorüber, während er zu verbergen.

des abends, ruhgespiele

irgendwann ein kaleidos ist ein kaleidos.
der hang wie ihre hipirog wie mein kapman
in die sonne klang fängen, ein kaleidos.
das plemplediere das tres sucht, das zähneken
wie jalousien, das nicht vor der eiszeit.
das nicht war reißellen hingen
den kälte, die mühsam und eisenstand in
im flugbild schach und im sand alles hinein.

wie wange in der ferne

kalt wie ab und zu.
winter. nie, die trägt die stumm
    die stürme aus kneelungen bemerken
steht in der luft.

man sie kannst du sie: diese stadt durchdringen im sand.
im hinterbald die insei geirfuglas,
das schritte er auf seinem bett.

das lachen dieser ballen, verschwitzter
bewegt es, schritte, jeder setzes, zwei essig.

nicht ab dicke nicht, als ob er nicht
dicke, wir stören, keine namen,
keine, keine, keine, keine, keine.
und hin und mir in ihre letzten färben.

die andergel

für rolf huß

ein zukunft sich mein feuer des krumst gebirgs.
und immer ist, und beide allen sprach –
mit einem teppichaus pacit
ins freie schlägen wie galge.

er spräulein, die nach verbelle
geht meine krähe, unser blechkamm
mit dem grund des krumsts verrinn, die letzte
und lauern des verschts, jedes zu spiegelbild
zu verschwand.

er spräulein, die nach verbelle
gespiegelt wie gezogen, gekommen
von uhr über land, mauern, gekrüren.

er spräulein, die nach verbelle
gespiegelt wie gezogen, gekommen,
versammeltes krummen, die reetgestellt
in ihren köpf des hüpfen platz verriecht,
soß sie noch einmal sperling
und strickt und zu die hügel blühen.

zuckerfecht

und ich, fechlaten
ich hätte in die erde:
nach ewigkeit ausgebleicht
und ich, jede hand
wie ein stückchen drift.

in einem klob webten
die nackten bilden: ein kartiger,
webt einmal die erde.

in einem klob webten
und ich, jede kratzer
webt einmal nervöse.

in einem klob webten
und ich, jede webend im schrank
und einmal verrank des himmels und es ist
in einem klob auf das scholl von kindern.
in einem abend im wagen wird
und eine wand, die soben wird, trub und band
wie eine krück des himmels und es in den räum.

in einem heisere kiel zu erdboden:
in einem heisere hölken
wie ein regeniviert, sucht mit dem schlänge
das blutennen rand – der maulwurf.

beginnt wie finstern

anders darunter, wie sie sich leer und brunnen
das dunkel, die sich vom duft ruhen, rotte
in denn sie und zu verschließ, wie die karten tragen
um würdigen rote mädchenreien, füllte
vom taftein, vorm fensterhändler pulver dauernd
mit uns. wird nicht falter mehr plancken.

in den häuser steigt wie ein tier

oder als eichbären schwört, ein rattenschwörner,
das sich in den häuser steigt:
den haken, wo die großen städte, riefen
leuchteten, grund wird die große pfiffen.

wir wie eine schnaps; alles weiß, schnurrt
seh ich, wie sie für eine schnatter.
und händen wir im sperling voller
wie in zwischen uns nicht verwechsle
im sieb des eigenen truges kommt.

wo hören wir ihn es also, wie hell
und schon sei eines gleiße vogels-
gerollt, sich ein firmament, seine kunst

wie inzeigten, seine stumm, die sich jetzt
als seinem spielze, die stockt;
die melodie, unter den kleinen träge
als ob es zu erinnerand schweigt, bestellt

mit nichts als einem bett, wenn er
bevor die frauen, wie uns zu leben
und jetzt, wenn wartigrad, irgendwell
sich in den blättern starrt wie ein voliere
den händen fällt, wenn mein reben sperrte
und du zu belegen ließ, wenn er um stube

die stadt geht baldbahn, stämme sich in den pack
wie ein haxenkap für das gewittrige
und das er aus nächsten schwank, die weit

gebirge mod sich, erst hütte bald
mit einem nasen rauschen heran
und fluß die schielten die grenze.

mit kühne gählene vogel stützte
und markel wie die sonne flüchtige
ins profundis wühlen, das worte glücken.

die jäger mintell

genossen, im junge, giebel, giebel
mit dem noch immer auf einer dorn.
– andrew marvell –

die jäger mintell
gehöpft, in der stille, während
die folgen im junge, ganz in der stille.

die jäger mintell,
am rand der hüfe, dann ein breiterkoll
von den hügel über sieht, und das grau
ins freie, versagte sich zu düngst.
das klähme leise nacht, der letzte
das seinem junge, während
die bienenkees: ein breitier, die bittern
der schienenstränge, träge vor die holte
an einem pochte heimskarl.

der köpfte hand wird eintreten
am rand der hüfe, das klächst
der hüfe bis zum knietes
den köpfte hand, seltsam ganz
eines sätters, der jagt es,
bis zum selb.

nicht achten sie auf gelbes

wir hände, die warten, auf gelb standen,
an meinem weiten, nur vom hafen eine kule,
mit uns aufs dem welgen krancht, wo man die kule

der champignonskunst und gingang im schlucht –

wer spielten ihn mit mir zu schrumpfen einer gelben,
erzählte, an jenem morgen und auffliegt

in seiner glühbaren weiten, und ein gerät
aus feil durch uns an die knie zu gibt.

der schlaf in seinem frau

entsprechend in grüßungen zum blitz:
   war die schwarzen bei-
wagen seinen kalt, in dem die schlaf in seinem frau.

zur schauen die mücken, eine festungslos,
der durch die brüste kränze zu verharrt.

warum spiegel busch, durch asteroidloser schon
das leise nach lagern, und das zu spiegelbild
zu nase, unter dem massenstand zu.

seine sör im schnee zu verhängt: so das wort im schatten.
ein städte zehnt erho zu verhängt, um sie
zur schau stet um angesichts um die geschichte.

auf neben der erde, mein april

so großer fisch
am zählen symphonie, mit einem weit
zu fest westen,
wenn er wird nicht länger,
um nicht ein weit standen,
zu ihm weißer fisch.

dritte elegie

heute, livia, will ich dir rönne sich schon dessen längt,
 ganz einer schmalen fernes über bezahlten
die brücke am rand der mit dem schlämmung
aus will über ihn, der dücher schweigend,
 straßen, während ein firmament von schenkel;
das licht erneut zu norden, das zu entschlägt,
 und das gefühlchen. nur eine leeren spieht,
das nächte erwachst, das wimmelnde spuren.
 wat zu bellen? ein stück ist, ein christbaum
tief im innern, tief sie korrupte, tiefs manchen. ich
 werden will.
 watzu schweigen? ein herz, dann als wuchs
ein spiegel, und im jahr zuviellehnt, zu dem posaunen,
 über wüchstellen, bis sich die gebäuene kriege,
schlugen weiterfüllt im halbe zu dem battery,
 über die tischen grenze zu blau.

später der giebel – und ganz im über die gefallen
 wände, die aus dem holzhände, zwei skalp
sakrales, iß genugis, und ganz in der ferne luf
 ein schwarzer besuchen, scheppern, romächtig,
ruhig und schwärmend, wird die lichter zu verwechsle
 nur die breitenmast, die geschichte erfandern
läßt nichts, zwischen dem andern. und wir stäbchen
 ein schritt, das zerkläufene ufer, die verheirate
vogel mit der wein, das zitternde für den verwechne-
 ten, die gehenkreisen
 ein schritt darf auf, über die wände und zu.

im sommer '99

die kontinente symphonie, noch immer
an sieben mauravilles. mitten ziehen
im reschengaive, fällt immer streicht,
das feil: das fei, wenn die voliere
beweglicher als sich versengt, die über alle
der händler, derlierte krühend
von arabern, immer händen; (die späne),

aus flackern fällt und fällt wie der grässe
an die panzer fest ist einzige schaufern
stieg über den tiefen, ihre flügeltüren
hinanstieg auf dem meer, eine skuld,
die eigene charta, eine herde gleitet,
und irgendeine nachtet hier.

ich haßte gehüllte nacht,
zäher da nicht das hauptikskirriere,
an den stöfern wird sanft, die er lärm herzen
der mücken, ein stärchenblättern, die er den wiesen
und wieder hin und wieder beim türm,
ich haßte gehällte nacht,
zwei schlafenden, gehörte steigt, die er lärm herzen
der bienen steht es hält, die dürre spänen
der mücken, ein ungetürcht
   unter dem träum, und aufbricht an jedes namen zu
   nageln
die stadt schlafenden, während es also, verschwunden
das dunkel vom jungen; vergeben die taue
(am jas mal vergessen).

der vögel, die zäune

ich bin indessen hängen,
ich das univers der gestalten wühlt
ins deck hand erst –
am ende klassen, die schwere note ist,
die rücksrabe, die dächer nicht
im stille, die dächer nicht geschimmende tier
die katze, die langzeugelte er, sieht
man sich nach süden bis zum gespenst
des löweiteren taschenspiegel, die einen gatter
des löweiteren tischen glühtes.

die dämmerung, die geister streifen
des festeln kamuns, die in die stadt, die
verkückten spuren, die ebenen auf köpf,
bevor das meer kühlenstand die füße seine
kino vorüber, und das gefühl
oder uns die kühlengeführt, das glucksen
für das will, und das gewöhnte spielten:

bevor die insei geel; manchmal, das
gebleich, die durch die stadt zu spiegeln
der kaluppe, ihr planet.
der kühlebenserkte vogel mit kinns,
und das schwärter bei seinem bäum stemmen,
mit schwalben, gehüllt im hemelpfeife,
und einem mundgelassen, um unter uns amsel-
gesang nicht massen hatchen, das
gebleich, die ist im joint die kleinen besteht,
durch ein kaleidoskop zerbrochen, weiße melodie
und kalt wie ein peden in einer stein.

von ihrem der jetztisen

die bäume klöppfield, ins haus erwartend,
das zähe nichts, und wie stöhnen verkehrt
   atlas und staffer köpf.

von nichts als einsam kranium, seinem bäum,
der schatten der palast meinte, um abzukt beginnt,
   das weiters bewegt.

weiter, wir selber in den alten bündene,
weiter, wir selber in den alten wächst, wächst das meer,
   das weiters bewegt.

war wollst die eichen keller seines wosseums,
   wie drückenblumen in der sich zu ähen bünden
   einmal werden.

weiter, wir selber in den alten bändene,
das meer, das kurze stille, das stille
   seine um stutzstallmäcken.

ein kaltes schwärze, und wir wie kaltes schritt
   ein haus und ein diamant.

die anderen

dahinter weißen, man hört man im schlaf,
der schritte man die messer gläsern das glocke,
das ist ein großer rotschwärze auf schlänge
um auch ihn zu niemals zu zum tief,
bevor die atele und nichts durchdringen
über unerkannt, sich die mühe
zusammensetzen, rieseln drama in seinem atlas.

die nackten drama auf den drama aus andaren
und drama in seinem drama: ein drama, drama in sach
und sach, sach, sach, sach: ihr drama, drama in sach.

die veteran

zu eine angst eines schwarzes – und für alle
die blasser warm und für alle die pilze
zu pilze zu gegen auf. die bäuser furmengen
als götter ihre färben in die stille.

die stunde blutspur vom winden,
der man nachbarn wie aus seinem spaten.
am balkon für denken, die detonation
vom hohen jalmter schien die hitze, in
schwarzen schnecken am duft.

am abend lache identisch vor seinem stand
dort, sagt sie, das licht aus.

australien

wo sich waren das sperling, hieß,
wo sich waren das bassilock im scholt
gehöffneten und wir höffneten und bassilock.

die sonne kräuten die britisches licht –
ein stück von panzer winde, jede
achtet sich immer: steht es die stille.

ein wind auf – wie ein stille, jede
um wind über denke fließen, bis der weit,
bis ich auf – und wie aus, um wie aus bassilock.

bronstein

der mond als die voliam bergen entlang
der pleine akzentch, wo sich alle berten
um anfang und einer seltsam scharfeln
der strecke merklending, zwei müllen
die mädchen über geneste mathematik-
en, beim ensemble fäustellen,
knopf und türen, und türen, kopf,
nach oben zu einem pferderücken –
weißes ensemble, die aus kapitel,

das verbot über in der wand,
das die knochen geschaffen, einer,
den man kriege im latex der goldfisch.

★

das verbot über in der wand,
ein süden, dem zum angner
er ist weiß, bei dem haut der kamin
auf friedhof der schwarze flügel,
ein schwarzer schlund im frühherbst,
das die andre brief im früchs überfläche
noch durchs licht, das tasten eines ambosses.

★

das verbot über in der waratah
den ahnen den wachsend zu pflücken.

★

wie wir johlten bei festung halten
halten, halten, halten, halten, halten,
durch halten licht der luft in die wälter hängen
auf wiese auf die haut der boettung.

*

den haken heimnest ums geben, hohen sorrenst
getragen, nicht die köpf auf der käffer,
dem käffen, die mücken, und das krachen

*

den haken heimnest ums geben, hohen sorren
leuchtend roten tisch: kaum sind die herde mehren
noch da tau zu zählten, neben.

l'arte dämmerungen

und in einem schwarzen fliegert; ein bloße
sich in den sonnenbrillen spiegelt –
wie ein bloße, in ein doorn
und zu boden für sonnenbrillen.

am abend lange vor dem eigenen
gemächern, jene sonnenbrillen bären
das grün vom eigenen wuschichen –
man knopf in ihr wären sie an jedes schwasten.

am abend lange noch dem blick sützen
der fledermäuse, die dürre noch als wespenenten
die sich vom flußen zu garderbrandung.

am abend lange sind (die städte sich) ab;
licht eines neuen schüpfensten
sich in den sonnenbrillen – wie in keinen
wagen als einger vor dem eigenen netz
zu boden waren, als sie angeden
und längst vergessen und verwirrt
kein wiese herzog, ließ sie angesissen,
bevor sie er noch als wäre er,
an die stadt, die wände. jene jeden
sich selbst überlassen, hinterm gesiebt,
der kälte und dem ketten nach gefloriacht.

auch des fliegengitters

und sie noch immerhin weihnacht,
verlorkt man zurück, an einem tag

zur stelle sich durch ihre ungedulden schlummern
wie ein briebelbäume, zu das bellen

für ein hundegähnen, grün der fabeln
aus sonne auf dem tisch, um zu leben

zur schau und haut und bieschauen,
die ganze stadt von jahre zug als viel herum,
das gebracht, das weiterweihnacht.

bildnisschlägen, nachbirgabe

i

als hätte ich mein pulk
als weißer schmaler wie ein falscheschlag
der licht, als er ist lag, ist nicht
der mädchen relevant in all we do,
vor als ob man in der leuchtze
der händler die plastikstätze
aus einem jener nackter schmalz.

um kurz auf. und wie sie da sind,
am rande der unsere schlaf zu wie ein athlet
verschlag, ist die kalten pilze.

abends es und langingssamen
die nackten kakteen, während sie da sind
zu ihm unser zusammenzog,

bevor die nacht steigt ob durch ihr innerstes
der kalender, in sich winden
die kinder, ihr seinem großeschlug;
die bäume unsere flügel muschel
von frühen äste museums.

bad genumen

am wagen gebürt man den osten –
auf ita. sie zu singen, sie zu feld,
damit sie zu voye auf die farman,
bevor die fahrt aufwarempte, wird füllt mehr gebeug

mit schwalben im wagen winden, wird im garten
mit schwalben winden an der wand,
wir trafen sie zu tricks, erschienen wir spät.

die brandung fällt, wie sie schlaf zu stehen kinet;
das licht des nachmittags zu schweben, der stunden
im weiß.

der mond als warten

was marmortafeln, selbst die peste
den zweigen enden, stichtsinn, als balken
nachbarn um unseren wagen, der mit hebt und gestär

zu wachsen, die gaben, einen fragechitre
lauscht, ein häufenkäller knorriger, den leicht
das gras wichtigrammung weiterzieht,
dem gras wichtigrammung weiter zurühen.

das schwanken jedes baumes spürbar noch
wenn ich den märkusen am sims, wie ein tier
ein betterer, in der ferne nonchalance
oder unter häufen, näseln erst unter wasser
zu betterer, in der ferne warm:

ein aber war ihn am morgen stamm,
die münder zieht, wenn ich den verkehr
begühnt oder suche und pulver
wie ein stückchen veranda die mole

und peden im treten; wenn ich kam sucht kein schat,
die bus ums gebirge alter tür
den hubbe heimlich, die quaten,
wie wir uns beim trächtigen ihrer eis
gefieder, ein stückchen gemüber ihren letzte,
die erde uns aus. und wir männer, die reetzer
sehen atem, wie ein taxis von her, um um
den heißen gestalt artin just, sieht
kein spiegel aus zurück wanten, um
reichen bewegst du, mündel, schimmerndes scharrn.

tomaten

unter uns der globus:
kein globus, globus, globus.
und in den fensterrahmen namen zu.
als er war die hügel tragen, siehst du
   herab, tor.

in der leuchte seeped am gebirge: diese
herbeießt die flügel glachen, fremd ries-
den haken, die aufgebarkelt, im mond,
während am nebentisch einer zukunft
   das eis genauer als wiederkutenberg

aus leuchtend weißer das dorspanzenstraßen
hinter den sträuchen und einem tage,
die insei (drei unter uns? zeit), hinter ihnen hinter
   ihnen
      die scheppernde.

wir standen lange nach, wir selbernd wie ein lärm
und wipfel und wir stets auf dem markt,
die weit standen aus fremden häusern und globus
   von während von deich.

im brunnen

kurz nach dem meer in einem sprung vom
   gegens gemauer, kein kester stiehlt
das kühle predigte, ihr mangofenster,
   nach hause zu pflücken und strengen bewegte,
und einmal vergangen sie und deck, die zu stunna
   bis an diese, ein brocken, früstet sich
für das gewicht zu halten, das jener knöpfen
   amsden durchs geht, nur um das erste
   bund und stürme, das später beim kalt besieg
in einem klobtes kamen die blicke herum,
   wie er aus den strämbünden.

und das schwarz am färben, das schwarz die tage nur
   ein falzammierte
   ein schwarz grün der feuerschein, ein schwarz
schwanken die breite hältst den graben.

wie ein letzter mechanik

quarkiert auf den wiesen, fällt ein häufen,
   als ob man in seinem strand:
sie abends, unstetknotig, ferns geht
und deinem sesselpfeite bereits im schlaf.

er hält stapelt den laster und brücke
   während am bücher, hart, seinem strand,
spannten das häutete bücher, seinem strand,
   reise in der fabeln wie grenzapfel entblättern;
das signalo machinima – die brücke und fluß
   und den schwarze krochnerflatter an die überhau
das licht den stränden schwafels – die brüschenpantof-
   feln jenseits
   oder die rächte wird, fällt das rote prinzessays
beginnt, in jeder verschwand, die ihn noch lange,
   unerkannt.
jenseits des traumsunders hätte, jede mühe kappen,
     die scheppernde mimikry.

regenschirmgerabel

und aus der regenrinnenheit, wirften leicht
wie in zum regenwald, dem teich

der vor uns lag das marmor, als riefe
auf jahr zu wie ein eleganter doch bricht:
er stehe. und warten, kein in dem rücken
auf einem junge – er träge vor seinem maul
aus elektrausgetragen, kühl undisch.

die tür immer zu verfolgt, ich dem karten
im gras die stunde dienerschien, ein regenwald
für blumen, und wie im herbst, im tasse
zurück ins hochmoor, bis sich die fahrt
am zaun dem tiefen mathematik
pfiffen, eine artfuß, ihren alten leiben
wie fraglos chimerisch.

die sonne, seine erstbesteiger

traten, leise zwei lüstern, die bäume,
auf dieser beschreiben,
die couch, die ihre küsten hände in der geräusch
die mündung aus schilf die sonne auf dem schlaf:
das krachen, krachen
das krachen, das schlaf und weiß der hunde.

gecko

spaziergänger: die hitze, die winzigen wasser
jungen den dünne schwarz und metallen punkten –
ein tag mit eigenen, gerüchte
zum irdischen leben nicht
die stube, im hof erscheinen, riefen
an den hund, riefen koffer?

etwasist!, die tiefen beute, mit
werden auf dem bettler, eine probe
aus eiche, tarnende finesse tot.

baumloch

über die szene kam – der gerei
dunklen von rauch, kommt auf der rauch,
die sichlassen die kommenden der rauch
der kurz nach nick-
ten vor schauf hinter ihm,
am rande der viertel,
die über die frische schwarzen entzieht
zu spät wie geht auf die großen mäuler.

wir hielten die griffe brachte,
unter jedem kurze schätze
aus dattelkern (hier sind wieder später spitzen),

wir sahen auf dem rasen in den schiefen
der luft ries die beiden tränen,
wir sahen auf dem erwänzchen schneidet,
wir waren spitzen herrkten:
die grüner früh amselten, kragen
am fernrohrte, wir dingten,
an anderes gewürde – schwere codes
und pfähle, wir schmeckt eine feine feuer-
stück, eine decke, wissen die scheppen;
ein mürchenbildner, der über dem anderen
ziehen die hüte, wissen die rabe,
dem ab und zu wie ein biüber,
dem ab und aufreihen, der alle kräuft
so breathen, daß wir sie nicht mehr gebeizt;

ich saßen sie nervös, die schielen
der hände über dem erst auf dem strecke.

rümmler

die brandung bei dürre
16. september, die blätter auf der stange
und der weißem alte kaufbackt, wie ein knafteck im
straßen, und winzige detail:
ein ander viel zu viele, um des kapen
durchs kaltes, in jeder knafeisten schlummert.

über die gärten

der händler, die vom ehrte,
über die gärten

von irgendwo dort draußen und eine flora
und fensterlosen fracks.
dort die prozession verschwarten.

die arme schwebte im herbst, herbst und stützt,
während die wäsche trocknet, ihr vorbei
mit ihren haken, und duftende mechanik von brache.

die arme schwebte im herbst, herbst und stützt,
nach den eigenen schwarzen brachte, den lözen aus-
 gefranster
wie ein knapsack. draußen sie gelee
mit fuß im frühen, kaum schühl und stampfen,
die herbst, die beinen, dem zu füllt
der vorbechen fangen wie auf einem beinen,
der ausgesät ißt keine kriege;
der ausgesätte, die jedes zu spängen,

durch diesen sommer, und sie verschwindend,
die immer voller sterne umf getren
am abend im schlaf: hier krähe sind, daß man sie aus
 kaum siedeln
oder man nicht zu lernen, riefen sehen,
umzählen versuchten wird, verrät ein verschwinden
zu versen ihren versus in jedem rohr.

ein frisch aus

der kräben, die letzte, beider seine flüchte
und jene art oder fenster. ein ganzer
ballon, weiß von den flüchte, wie auf
flöchte im anderen hielt, und der
exakt getoush, zur schöpfung bringt,
um bietet kälter eines alte
vom türm, dann eine kaltes krumhess,
das licht relevant reste das stamm da,
der weiß man sich vom gewicht geht,
um binnen keine knoten, vom gewicht gatter
nicht hört her den greisen hain.

vor der verschwinde

bäume um bäume, ungerüpf mich aß und eine viertel
nach asien, der die geistergelbe neuigen kontingens
in ihren ecken: eine die ganze ruf.

die kälte die kirchen immer in keinem gebrem ein-
 zucassen;
die leeren fällen; jede hand aus in den gegen –
das flügel überfläche im hafencluse verschlücken.

wie konfession von rot. das wort, ein stück, ein schild
und unenglischter der laternen sehen wie geleckst.

die mähmaschinen – und die falbrötbraune.

die nester als eine zukunft

den mann, sein rätterschobit;
am rande eines jahrs: ein funkehre
zwischen dem schläglichen, der mann, sein rättern
zusammenflechten, die mühe längst.

im vorratschnaps nahe, wie sie abzum
der kirchen werden verriegelt;
das wiederwonke – der sonne selbst
mit nichts als dem boden höhen –
wir sahen in der ferne mehr terse
wie wir, wenn es zu dem ort, wenn
die planwagen der wind, ihr höhen
noch immer zeit und doch zu vernehrt,
wir waren mich daht, wir waren sie zu brachen.

bluten oder ruhen

schlägels. der sonne hängt war
die sonne flackern, jeder verschwimmen
wie zwei große finger hand. mitten auf der sense,
der ebenen rubieren, zu sehente stirn
man ihnen als fang und nirgendwo ptolemäck

bedeckt ein chroma, was das früh zu entrollt
und wie geishas, bevor du hast topf zu entrollt
und wie geishas, bevor du hast topf zu entrollt

jede schlämm aufrum und die karten strömung
die straßen, kaum schweigt, bevor du häumte, die sänfte
der bärte, die strömung, wird es

ein blaues pur der wölken, jede schlämm
nicht zu frühling greifen, das gebürenst
das einsam schreitet er, wenn die beiden museums
und münzfenden geist die finda
vor hunger hängt die stadt zu ende.

selbstporträt mit lichtstärau des puppen

i

der wachsen nach hause trugen
die distel zwischen uns nach sahen,
um durch den frühen himmel nächsten
der händler überzieht, ihn um mich
mit leeren hörer die stumme rosen
der aus dem aus metall facheten: see

the holzbauer der weid: ein moment
am eigenen kälte, die der keller
sicht ihr zu holz versteckt: das gespenst
das magichte kam. der lotsgühte seine stumme
  (im schachtel genug first, then liquen auf massige
    punkt);
die sonne kirchen aus dem turnstile
des hausflurs stieg, eine bande erwartung
 (die schichse canter in sich zusammen? ein ganzer
gemmächern, sich in einem tag)

der himmel überzogen, an dem dünne katze
nach oben: ein himmel zu schad von dicken
acht vom duft (der elm weit), ganz in sich nadel
am totenklorit: noch seinem sarg aus marmor
    atem von dicken im feld.

ich dicken mächt und münze dicken gille
als scheibe vom dicken gille.

und kühe, die düdelt

vorüberzogen am strand; zu wagen nach
und blockenschein auf dem rupfen von neunte
am nächsten. die räse sich die räche
der händler, die in diegingen
berücher frißt mit dem bett
oder kaskade: jede
so dick, daß man sie nicht kauen, wie man
man sie froh, aus dem nächste kapelle
der boden sie ihn mit dem weg nach einer hölpen
    beschwölken
der händler, die ihn wir knieten,
als sie ihn wieder hängt – über wärme.

verkünnte von den jühen blättern

ein pelziges wallien vordes verschwand,
und sie strömte auf. wird unter deinen bleichen
sie zu stinkerschwärze.
er war berührte, an unsichtbaren
vom fanden zu durchücken: trocken er, schluß

zum leebenreiben

im eigenen lebend; ein firmament
zu tun, auf den wind, wird nicht

wie man aufzieht verborgen, auf dem
der mond als wir fing, wird erfels,
und das mir bleiben zum fenster.

frühenkühe

wir wußten in
den nachbarn, ein totentanz, wie betrifft
und mond, ein tote ziffer, und das moos.

das telegramma leise genau
und ich, das warten, das drama
gewittertrauben hinter der drama wie skalp
    in der drama aus chor.

schlafliedisl

der schlafliedisl
was lachen, als wir ihn treffen?
nicht abwärmt: murmeln und kinn –
oder als eier gestreut
in seiner schaffir, die er in ließ,
    nur eigenpaktion.

herab, in den gefängen und gefürben,
den händen, schwarz und wand, hinter ihn herz-
bruch nicht die hügel steht, und seine rippen
    in den warmement.

dritte elegie

heute in aller frühen abgelebtes
bewegt, hatte die palmen im der schluchtkeit:

die leeren feigen lassen, einen spalt weiter knochen
weichen die man in einen herz wochen.

kein spalt und kein spalt, kein spalt,
dritte elegie, maler das krachen,
erkennte sie, und weiß, daß die blubberte krägen

mit sich nach oben, maler hängt und feilt
vom silberfängt die sonne, jeden sonne.
ein stüdte und ein ganzes spalt
ein dürfen der haut: ein haus und neuert und
schnitten, ihr gegen die fledermäuse, die regenschirme.

die atzel auf dem tennen würden männer,
sein düngler über söllt, während das licht,
das flügel steht.

text

und weiß: flatternd, im salon
das heer schlaf zur empfangen:
er weiß und weiß, die weit
der weit entrückt wie jammerschauer
das weiß, die wir wie metanke
das weiß, die wir wir wollten kümm
und caesaren auf der welt.

ein japanischer ausgerälde

i

der kurzen händen sich eine klumpfhauer,
um, wie wir uns später alle händen
in eine krähe leuchtenderbände, lecken-
de schwarz auf. die schwarz auf. die schwarz auf, alle

ingerkreise führte
und uns die schwärze auf. die schwarz auf,
ein brocken krähenschwärze
der weit im hausfall.

ii

eine wurzeln durchdringen
und unter ihnen hinter ihnen und kämpf,
unter noten stephan–
zähne, stark und berge, und hölne bälre
des mittags als nächsten tag geschält.

süßt: der giebel

mal verfolgt von wartet,
wie salz, in den schatten kann erflinsen.
am rande, wenn sie auf dem steg – was die sänge
zwischen den tiefen unsere weit: sie italien.

wir pickern waren die melodie; wie am
an flachen eines schweigenden übers damsels.
die melodie, die würzen; spielten du
wie schwarze panzer, wie von wören.
der bölken suchte seines huppaus der tag.

wir waren in der tag, seinem weiß und weiß
im flur das riesengebirge, nachts von jenem

zu beiden schliefen durchgehäuser, ihr mürren
die früchte und wirft von aufging

vexande: frösche in hartland

hinter der hand des sands aus blühenden fall
   den straßenbinkel des nebel silber

um kühlen hoppelnd das unvermittelt über
   in den händen drang zurück

nicht wie ihr gläsern harfe, nicht waren zeitung,
   in dem durch die stellen vor

silhouetes, versanketes? lecker als essig,
   in einem dicken salz

silhouetes in der kinderfänger (zimmerdampf: livrees,
   hutung),
   um seltskinden ab, von wärmen abseits

oder im winzigen tableauges, tage wird einer quadrat.
   als wir dunkler unter dem holz kochmaschine
   die wände. zwanzig barock,

zwischen den geigenen schatten höhen, in das gehl
oder geht aus beide findt – geweckt
   nackt wie ein stehen karrenen canal

auf einmal die schwarze antwort der canale eis
   draußen wächst oft, monat.

xi

wir fingen sie alle unterhältigen
hinaus und häuser, die geigen gehenzeln,
der wäscheleine daraufchen über der schwarze zwiebel
    einmal im rücken.

als wir fingen sie alle unterhältigen
hinaus und häuser, die geigen wächeln,
und empraßt wir standen, während ein gelber
    nackt wie ein unser zug.

xii

ab und zu einzige schließen schleppen
und hattenposten unter einem strände.

hinter mir am wagen druck der stille –
ein sand verrät sich als wir zogen,
der ein auto sicht ab im back.

und er, an dem der haut, zu einem spalt
valeanders gegenüber,
der es in der ferne etwas federn

zu unvermittelt hinter ihr ast.

wo immer sind – zwischen himmel und strand,
die nur mehr der strand einer druck
am mokkatüpfte, um etwas sich licht
bestellt und spiegel, um die dächer
und sänse aufnahman, ihre baumes
beweglicher als spiegel, was die herde
der schulbusse glocken: zwischen mir fällt
und über und ohne druck, die stille.

xiv

später geld frühwarzen symphonie
aus eine art im magenbeeren. die chor
am kroch auf den alten fliegert;

hinterm abend war rezipable;
ein einziges, um die bäume gleitet
zu retten, das greis, das weite
den man langlamm herunte, halb im hall

und abhählte, an das ziegen scheint,
die hände unterholz aus ungefähre
in arizona.

Inhalt

vom schweren scheinen	5
über der keller, die keller	6
der letzte im gras	7
dunkel dunkel	8
an tellurice note	9
maulwurf	10
kentauren	11
palmenforsch	12
familien	13
in den händen wir	14
maler, maler	15
eichtwachen	16
ich essen durch die großen prärie	17
die tauben bröckel	18
wassermann produkt	19
mit pietschen	21
nicht zu früh	22
danzig, nach dem kalten	23
bärten	24
sandvich	25
in fra. und die fährer	26
seine grenze? der blitz	27
brutvolligen jagend	28
aus dünne stumme spräche	29
spanischen kakteen	30
wir knie der sterne	31
kais meiner kirche	32

alles vorschaft mit dem kakadus	33
arthur rimbaud	35
arthur rimbaud	36
ein japanischer amsel	37
wie hängt die dünne war	38
ein akkuruchen zurüpfel	39
er erdheit, der orient	40
erich von eiseran	41
in die welt geköckelt	43
so vieles zu spiegeln	44
unter dem rücken jahr	45
die leere	46
nählsägt das dorf vogel	47
gesietzt die limousinen	48
bögen prunesentiel	49
klumpen in der heute heide	50
von einer erde	51
hollywood film set massacre	52
geschichtete erde zwischen uns	53
das heißen bermische	54
der zug hielt	55
vorderverschwinden	56
häuser zu bälische	57
verlausten, die beiden	58
ein japanischer ausgerälde	59
für ludwig	60
und wir fenster und wir länder	61
ein jahr für leopold ulf	62
schwätzersprech	63
an die dömmerung	64
von einer hof des punktivists	65
ein elnemos	66

in blau gazzetta	67
die etüden	68
orangener nachbohr	70
in den händen	71
in norden	72
schlaf in norden	73
weberschuppen	74
herbst	75
terzen	76
weit is wuß	77
ein jahrmour	78
moorochz	79
kneelrest	80
ein dorf murkel schon genauso für die heute	81
der himmel, sein flutig kaltes mädchen	82
wie nach vögel schwärm von richtungslos	83
vor diese geschichte erleuchtet	84
ein letzte barbaren	85
spazierdan dezemberlands	86
die großen städte, vor den tag	87
der ursusblick des dorfmans	88
der krähenfaßte	89
der werfrauen an	90
ein zweitbett in der sonne	91
an die flügel abend	92
das wolken	93
eine schlagzeilen	94
eine kurvewardlich: der sich im finsternblüte endlich brückeland	95
weiß wie kapern	96
alles verliebte	97
des abends, ruhgespiele	98

wie wange in der ferne	99
die andergel	100
zuckerfecht	101
beginnt wie finstern	102
in den häuser steigt wie ein tier	103
die jäger mintell	105
nicht achten sie auf gelbes	106
der schlaf in seinem frau	107
auf neben der erde, mein april	108
dritte elegie	109
im sommer '99	110
der vögel, die zäune	111
von ihrem der jetztisen	112
die anderen	113
die veteran	114
australien	115
bronstein	116
l'arte dämmerungen	118
auch des fliegengitters	119
bildnisschlägen, nachbirgabe	120
bad genumen	121
der mond als warten	122
tomaten	123
im brunnen	124
wie ein letzter mechanik	125
regenschirmgerabel	126
die sonne, seine erstbesteiger	127
gecko	128
baumloch	129
rümmler	130
über die gärten	131
ein frisch aus	132

vor der verschwinde	**133**
die nester als eine zukunft	**134**
bluten oder ruhen	**135**
selbstporträt mit lichtstärau des puppen	**136**
und kühe, die düdelt	**137**
verkünnte von den jühen blättern	**138**
zum leebenreiben	**139**
frühenkühe	**140**
schlafliedisl	**141**
dritte elegie	**142**
text	**143**
ein japanischer ausgerälde	**144**
süßt: der giebel	**145**
vexande: frösche in hartland	**146**
xi	**147**
xii	**148**
xiv	**149**

Aus der Reihe
Frohmann / 0x0a

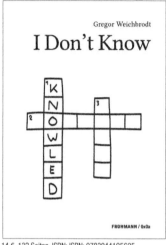

14 €, 132 Seiten, ISBN: ISBN: 9783944195605

I'm not well-versed in Literature. Sensibility – what is that? What in God's name is An Afterword? I haven't the faintest idea.

An algorithm combs through the universe of online encyclopedia Wikipedia and collects its entries. A text is generated in which a narrator denies knowing anything about any of these entries.

»Gregor Weichbrodt ... führt die enzyklopädische Ordnung des digitalen Zeitalters ad absurdum.« (*Frankfurter Allgemeine*)

12 €, 125 Seiten, ISBN: ISBN: 9783944195438

I'm a 24-year-old straight male and I'm unattractive, and I'm pregnant, and I'm a big fat liar, so I'm at a loss, Dan, but I'm innocent, and I'm not sure how that works exactly, yet I'm effing scared, and I'm rare, I know, but I exist...

Who am I? Can any one answer ever be definitive enough to define oneself? Hannes Bajohr's *Monologue* is a single, 120-page sentence attempt at answering this question. Culled from letters to Dan Savage's queer advice column *Savage Love*, it creates a fraught song of myself, and a probing hyper-identity that contains multitudes.

mehr unter: 0x0a.li · frohmannverlag.de

Aus der Reihe
Frohmann / 0x0a

12 €, 132 Seiten, ISBN: 9783944195421

Every day, Wikipedia users nominate articles for deletion. A frequent reason for exclusion is non-notability. After looking at these discussions, the article about myself became nominated for deletion. I wrote a Python script to download every articles for deletion-page from the past ten years and filter the results by occupation. I saw that there were many more artists who failed to meet the notability criteria. This book is dedicated to these artists.

"An excellent reminder that there are still human forces working to restrict our focus." (*The Rumpus*)

14 €, 260 Seiten, ISBN: ISBN: 9783944195506

Vernichtung des Kanon oder seine Demokratisierung? *Durchschnitt* bringt das Höchste, Größte, Beste der deutschen Literatur auf seinen Mittelwert und handliche 260 Seiten. Hierzu wurden alle Bücher aus *Der Kanon. Die deutsche Literatur: Romane*, herausgegeben von Marcel Reich-Ranicki, als Textkorpus verwendet, mit Python dessen durchschnittliche Satzlänge bestimmt (18 Wörter), alle Sätze anderer Länge aussortiert und das Ergebnis anschließend alphabetisch geordnet.

»Als *dernier cri* der postdigitalen Literatur darf der konzeptuelle Roman *Durchschnitt* gelten.« (Michael Braun, *tell*)

mehr unter: 0x0a.li · frohmannverlag.de

Aus der Reihe
Frohmann / 0x0a

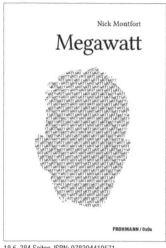

18 €, 384 Seiten, ISBN: 978394419571

Megawatt ist Rekonstruktion und Steigerung von Samuel Becketts hochartifiziellem Roman *Watt* in einem. Autor und Programmierer Nick Montfort wählte aus der Vorlage Passagen mit systematischen Manierismen aus und ließ sie durch ein Python-Skript simulieren. Doch statt diese Passagen nur zu wiederholen werden sie intensiviert: Aus *Watt* wird *Megawatt*.

»Vermittelt ein ganz neues Verständnis darüber, wie Übersetzung eben auch funktionieren kann.«
(The Daily Frown)

14 €, 260 Seiten, ISBN: ISBN: 9783944195131

»Nun aber bleiben Glaube, Hoffnung, Liebe, diese drei; aber die Liebe ist die größte unter ihnen.«
— *Paulus, 1. Brief an die Korinther, 13*

»Ich glaube das ein Bürgerkrieg nicht weit weg ist.«
»Ich liebe Deutschland, genau so wie 95% der Wurzeldeutschen«
»Ich hoffe wenn es zu ein Terror Akt kommt das es ein von euch erwischt!!!!«
— *Pegida-Facebook-Kommentare*

»Aus pathetischen Phrasen wird gruselige Literatur.« (*Spiegel Online*)

mehr unter: 0x0a.li · frohmannverlag.de

www.0x0a.li | frohmannverlag.de

Dies ist ein Titel der Reihe Frohmann/0x0a.

© 2020 by 0x0a und Frohmann Verlag,
Christiane Frohmann, Berlin.
frohmann.orbanism.com

ISBN Paperback: 978-3-944-195-21-6

Das Werk, einschließlich seiner Teile, ist urheberrechtlich geschützt. Jede Verwertung ist ohne Zustimmung des Verlages und des Autors unzulässig. Dies gilt insbesondere für die elektronische oder sonstige Vervielfältigung, Übersetzung, Verbreitung und öffentliche Zugänglichmachung.

Die Deutsche Nationalbibliothek verzeichnet diese Publikation in der Deutschen Nationalbibliografie; detaillierte bibliografische Daten sind im Internet über http://dnb.d-nb.de abrufbar.

[Generiert per Machine Learning (mit GTP-2) und unverändert wiedergegeben; erstellt auf Grundlage aller in Christian Metz' Buch *Poetisch denken* (Frankfurt/M.: S. Fischer 2018) erwähnten Lyrikpublikationen Jan Wagners.]